호기심 많은 우리 아이를 위한 첫 번째 환경 플레이북

기후변화가 뭐예요?

감수 지옥정

이화여자대학교와 동 대학원에서 유아교육 전공으로 학사와 석사학위를, 한국교원대학교에서 교육과정 전공으로 박사학위를 받았습니다. 방문교수로 미국 일리노이 대학교에서 교사와 학생들이 함께 주체적으로 수업을 이끌어나가는 '프로젝트 접근법'을, 호주 퀸즐랜드 공과대학교에서 '지속가능성을 위한 유아교육(ECEfS)'을 연구했습니다. 최근에는 '프로젝트 접근법을 활용한 ECEfS'와 '지속가능한 사회를 위한 환경교육' 관련 연구와 저술 활동을 하고 있습니다. 유네스코 한국위원회 지속가능발전교육 위원(2018~2020)을 역임하였고, 국가환경교육센터 운영위원(2019~현재)으로도 활동하고 있습니다. 현재 한국교통대학교 유아교육과 교수로 재직하고 있습니다.

호기심 많은 우리 아이를 위한 첫 번째 환경 플레이북
기후 변화가 뭐예요?

초판 1쇄 발행 2021년 7월 20일
초판 2쇄 발행 2024년 9월 10일

글쓴이	김춘희
그린이	이윤교
감수	지옥정
펴낸이	송주영
펴낸곳	북센스
편집	조윤정
디자인	심심거리프레스

출판등록 2019년 6월 21일 제2021-000178호
주소   서울시 종로구 효자로 15, 2층
전화   02-3142-3044
팩스   0303-0956-3044
이메일   ibooksense@gmail.com

ISBN   979-11-91558-18-0 (73400)

* 이 책에 실린 모든 내용은 저작권법에 따라 보호받는 저작물이므로 무단 전재나 복제를 금합니다.
* 책값은 뒤표지에 있습니다.

호기심 많은 우리 아이를 위한 첫 번째 환경 플레이북

기후변화가 뭐예요?

글쓴이 **김춘희**
그린이 **이윤교**
감　수 **지옥정**

북센

이 책은 이렇게 보세요

이 책은 환경과 기후 변화 문제를 처음 접하는 유아들의 눈높이에 맞춘 환경 학습 플레이북입니다. 지구를 위협하는 환경·기후 변화 문제를 다양한 놀이(미로찾기, 숨은그림 찾기, 색칠하기, 선 연결하기, 단어 찾기 등)를 통해 알려 줍니다. 놀이를 하다 보면 아이들은 지구를 위해 무엇을 해야 하는지 스스로 알게 되며, 동시에 환경에 대한 상식도 키울 수 있습니다.

- 환경 학습 10가지를 소개하며, 각 주제가 담긴 제목을 통해 아이들의 환경 호기심을 자극합니다.
- 해당 환경 학습 주제별 활동(플레이)을 할 때 필요한 보기나 설명이 필요한 단어를 알려 줍니다.
- 해당 환경 학습의 주제어를 한눈에 알 수 있도록 보여 줍니다.
- 해당 환경 학습의 주제별 활동(플레이)이 무엇인지 알려 줍니다.
- 해당 환경 학습 주제별 활동(플레이)을 직접 해 볼 수 있습니다. (환경 학습 주제별로 각각 다른 놀이가 제시됩니다.)

*각 환경 학습 활동을 마치면, '부모님과 함께 알아보는 환경과 기후 변화'의 내용을 부모님이 아이에게 읽어 주세요. 환경 학습 활동이 놀이에서 끝나지 않고 아이의 환경 지식과 함께 환경 감수성을 키워 줄 거예요.

차례

환경 학습 1	고릴라가 숲으로 갈 수 있게 도와주세요! 8
환경 학습 2	크고 멋진 귀신고래가 사라지고 있어요! 10
환경 학습 3	아기 북극곰을 엄마 북극곰에게 데려다주세요! 12
환경 학습 4	동물 친구들이 위험해요! 14
환경 학습 5	바닷속 동물들이 이상해요! 16
환경 학습 6	강물이 말라버렸어요! 18
환경 학습 7	물이 오염되고 있어요! 20
환경 학습 8	숲이 사라지고 있어요! 22
환경 학습 9	전기를 아껴요! 24
환경 학습 10	우리가 지켜요! 26

환경 학습 정답 29

부모님과 함께 알아보는 환경과 기후 변화 33
각 학습 활동이 끝난 후 부모님이 함께해 주세요!

환경 학습 스티커 모음 31
학습 활동에 꼭 필요한 스티커가 들어 있어요!

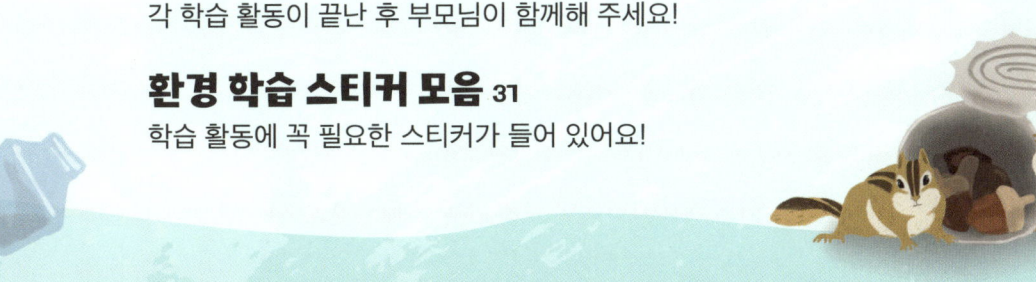

〈기후 변화가 뭐예요?〉와 함께하는
2019 개정 누리과정 연계표

환경 학습	누리과정 영역	내용범주	내용
1 고릴라가 숲으로 갈 수 있게 도와주세요!	Ⅲ. 사회관계	더불어 생활하기	• 친구와 서로 도우며 사이좋게 지낸다.
		사회에 관심 가지기	• 내가 살고 있는 곳에 대해 궁금한 것을 알아본다.
	Ⅴ. 자연탐구	탐구과정 즐기기	• 주변 세계와 자연에 대해 지속적으로 호기심을 가진다. • 궁금한 것을 탐구하는 과정에 즐겁게 참여한다.
		자연과 더불어 살기	• 주변의 동식물에 관심을 가진다. • 생명과 자연환경을 소중히 여긴다.
2 크고 멋진 귀신고래가 사라지고 있어요!	Ⅱ. 의사소통	듣기와 말하기	• 말이나 이야기를 관심 있게 듣는다. • 자신의 경험, 느낌, 생각을 말한다.
	Ⅲ. 사회관계	더불어 생활하기	• 친구와 서로 도우며 사이좋게 지낸다.
	Ⅳ. 예술경험	아름다움 찾아보기	• 자연과 생활에서 아름다움을 느끼고 즐긴다. • 예술적 요소에 관심을 갖고 찾아본다.
		창의적으로 표현하기	• 다양한 미술 재료와 도구로 자신의 생각과 느낌을 표현한다.
	Ⅴ. 자연탐구	탐구과정 즐기기	• 주변 세계와 자연에 대해 지속적으로 호기심을 가진다. • 궁금한 것을 탐구하는 과정에 즐겁게 참여한다.
		자연과 더불어 살기	• 주변의 동식물에 관심을 가진다. • 생명과 자연환경을 소중히 여긴다.
3 아기 북극곰을 엄마 북극곰에게 데려다주세요!	Ⅲ. 사회관계	사회에 관심 가지기	• 내가 살고 있는 곳에 대해 궁금한 것을 알아본다. • 다양한 문화에 관심을 가진다.
	Ⅴ. 자연탐구	탐구과정 즐기기	• 주변 세계와 자연에 대해 지속적으로 호기심을 가진다. • 궁금한 것을 탐구하는 과정에 즐겁게 참여한다.
		생활 속에서 탐구하기	• 물체를 세어 수량을 알아본다. • 물체의 위치와 방향, 모양을 알고 구별한다. • 주변에서 반복되는 규칙을 찾는다.
		자연과 더불어 살기	• 주변의 동식물에 관심을 가진다. • 생명과 자연환경을 소중히 여긴다. • 날씨와 계절의 변화를 생활과 관련짓는다.

주제	영역	내용범주	세부내용
4 동물 친구들이 위험해요!	Ⅲ. 사회관계	더불어 생활하기	• 친구와 서로 도우며 사이좋게 지낸다.
		사회에 관심 가지기	• 내가 살고 있는 곳에 대해 궁금한 것을 알아본다.
	Ⅴ. 자연탐구	자연과 더불어 살기	• 주변의 동식물에 관심을 가진다. • 생명과 자연환경을 소중히 여긴다. • 날씨와 계절의 변화를 생활과 관련짓는다.
5 바닷속 동물들이 이상해요!	Ⅲ. 사회관계	더불어 생활하기	• 친구와 서로 도우며 사이좋게 지낸다.
	Ⅳ. 예술경험	창의적으로 표현하기	• 자연과 생활에서 아름다움을 느끼고 즐긴다. • 예술적 요소에 관심을 갖고 찾아본다.
	Ⅴ. 자연탐구	자연과 더불어 살기	• 주변의 동식물에 관심을 가진다. • 생명과 자연환경을 소중히 여긴다. • 날씨와 계절의 변화를 생활과 관련짓는다.
6 강물이 말라버렸어요!	Ⅴ. 자연탐구	탐구과정 즐기기	• 주변 세계와 자연에 대해 지속적으로 호기심을 가진다.
		자연과 더불어 살기	• 주변의 동식물에 관심을 가진다. • 생명과 자연환경을 소중히 여긴다. • 날씨와 계절의 변화를 생활과 관련짓는다.
7 물이 오염되고 있어요!	Ⅴ. 자연탐구	탐구과정 즐기기	• 주변 세계와 자연에 대해 지속적으로 호기심을 가진다.
		자연과 더불어 살기	• 주변의 동식물에 관심을 가진다. • 생명과 자연환경을 소중히 여긴다. • 날씨와 계절의 변화를 생활과 관련짓는다.
8 숲이 사라지고 있어요!	Ⅴ. 자연탐구	탐구과정 즐기기	• 주변 세계와 자연에 대해 지속적으로 호기심을 가진다.
		자연과 더불어 살기	• 주변의 동식물에 관심을 가진다. • 생명과 자연환경을 소중히 여긴다. • 날씨와 계절의 변화를 생활과 관련짓는다.
9 전기를 아껴요!	Ⅴ. 자연탐구	생활 속에서 탐구하기	• 물체의 특성과 변화를 여러 가지 방법으로 탐색한다. • 물체를 세어 수량을 알아본다. • 주변에서 반복되는 규칙을 찾는다. • 도구와 기계에 대해 관심을 가진다.
10 우리가 지켜요!	Ⅴ. 자연탐구	자연과 더불어 살기	• 주변의 동식물에 관심을 가진다. • 생명과 자연환경을 소중히 여긴다. • 날씨와 계절의 변화를 생활과 관련짓는다.

환경 학습 1

고릴라가 숲으로 갈 수 있게 도와주세요!

고릴라는 무척 덥고 비가 많이 내리는 아프리카의 숲에서 살아요.
그런데 사람들이 고릴라가 사는 숲을 마구 망가뜨리고 있어요.
콜탄을 찾으려고요. 숲이 사라져 고릴라는 살 곳을 잃었어요.
고릴라가 안전하게 살 수 있는 숲으로 갈 수 있게 친구들이 도와주세요!

학습 주제 · 생태계 보호

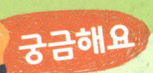

왜, 콜탄 때문에 고릴라가 사는 곳이 없어질까요?

핸드폰을 만들 때 꼭 필요한 콜탄은 아프리카의 숲에 묻혀 있어요. 사람들이 핸드폰을 많이 사용하고, 새로운 제품을 갖고 싶어 해서 콜탄이 많이 필요하지요. 핸드폰을 많이 만들수록 숲이 없어져요. 고릴라가 사는 숲을 지키기 위해서 우리는 어떻게 해야 할까요?

학습 활동 · 미로 찾기

학습 주제 🌍 해양 생태계

환경 학습 2
크고 멋진 귀신고래가 사라지고 있어요!

앗! 귀신고래가 나타났어요! 그런데 왜 이름이 귀신고래일까요?
마침, 귀신고래가 우리에게 해 줄 얘기가 있대요.
어디 한 번 들어 볼까요?   다 듣고 난 후에는 고래를 색칠해 주세요.

안녕! 내 이름은 귀신고래야.
우리를 잡으려고 하면 귀신처럼 사라진다고 귀신고래야.
나는 코끼리보다도 덩치가 크고, 몸무게도 더 무거워!
바다 동물들 중에 꽤 큰 편이지.

10

그런데 사람들이 고래사냥을 많이 해서
우리는 바다에서 점점 사라지고 있단다.
친구들에게 멋진 귀신고래의 모습을
오랫동안 보여 주고 싶어.

학습 활동 색칠하기

환경 학습 3

아기 북극곰을 엄마 북극곰에게 데려다주세요!

아기 곰이 작은 빙하 조각 위에 위험하게 서 있어요.
지구가 너무 뜨거워져서 빙하가 녹고 있기 때문이에요.
친구들이 빙하 조각을 연결해서 아기 곰을 엄마 곰에게 데려다주세요.

학습주제 🌍 온실 가스

엄마

얼음 조각은 이렇게 붙여요!

38쪽의 빙하 조각 스티커를 붙여 주세요!

학습 주제 ● 생활 쓰레기

환경 학습 4

동물 친구들이 위험해요!

이리저리 굴러다니는 쓰레기 때문에 동물들이 위험해요.
우리가 동물 친구들에게, 얼른 알려 줘야겠어요!
글자 스티커를 붙인 후 동물의 이름을 큰소리로 불러 주세요.

ㄱ ㅇ ㅇ 야, 그건 장난감이 아니야!

날아다니는 비닐봉지가 얼굴을 감싸면 숨을 쉴 수 없어.

ㄱ ㄹ ㄴ 야, 위험해!

깨진 유리병이 발아래에 있잖아.

38쪽의 동물 이름 스티커를 붙여 주세요!

환경 학습 5
바닷속 동물들이 이상해요!

바닷속에는 정말 많은 동물들이 살고 있어요.
그런데 자세히 살펴보니 이상한 모습을 하고 있는 동물들이 있어요.
오른쪽 **찾아보세요** 의 이상한 동물들을 바닷속에서 찾아 색칠해 보세요.

학습주제 · 바다 쓰레기

환경 학습 6

강물이 말라버렸어요!

우리 친구들이 깨끗하고 편리하게 살기 위해서는 많은 물이 필요해요.
그래서 강물을 끌어다 썼는데,
너무 많이 써버려서 강물이 말라 가고 있어요.
물고기 가족은 더 이상 강에서 살 수가 없대요.
친구들이 스티커 조각으로 물고기 가족을 완성하면서
물고기는 어떤 마음일지 생각하고 물의 소중함도 생각해 보세요.

39, 42쪽의 스티커 조각을 번호에 맞춰 붙이세요!

학습주제 · 물 오염

환경 학습 7
물이 오염되고 있어요!

우리가 사용한 후 버려지는 물은 어디로 갈까요?
우리가 쓰고 버리는 물이 어디로 가는지 그림의 물길을 따라가 보세요.

보기

세제   오염   농약   쓰레기   공장

* 보기의 단어를 아래 강물에서 찾아 '세제'처럼 ◯로 표시해 주세요.

학습 활동 미로 찾기

농약

강물

젖	소	오	아	지
세	제	염	사	과
멍	어	쓰	공	장
야	멍	레	양	멍
옹	사	기	지	이
자	농	병	료	꿀
장	약	기	종	아

21

환경 학습 8

숲이 사라지고 있어요!

다음의 이야기를 읽고, 나무 스티커로 숲을 만들어 보세요.

학습주제 🌳 숲 환경

여기는 왕가리 마타이가 사는 마을에 있는 숲이에요.
그런데 무슨 일이 있었는지 아름다웠던 숲의 나무가 사라졌어요.
"이 큰 나무들을 베다니, 절대 안 돼요."
왕가리 마타이는 큰 나무를 지키려고 꼭 껴안았어요.
"저리 비켜. 나무를 다 베고 큰 농장을 만들어야 된다고!"
왕가리 마타이가 나무를 막아서자,
그곳을 지키던 사람들이 그녀를 다치게 했어요.
"하하! 왕가리 마타이는 다시는 이곳에 못 올 거야.
어서 나무를 베자고."
그런데 다음 날, 왕가리 마타이는 붕대로 머리를 감싸고 다시
숲으로 나왔어요. 나무가 베어진 숲에 다시 나무를 심기 위해서였죠.
왕가리 마타이는 이렇게 해서 자기 마을뿐 아니라 다른 마을의
나무들까지 지켰어요. 그래서 '나무들의 어머니'라 불린답니다.

43, 46쪽의 나무 묘목 스티커를 붙여 주세요. 지구를 살리는 숲을 만들어요!

환경 학습 9

전기를 아껴요!

우리 생활을 편리하게 해 주는 가전제품들은 전기로 움직여요.
전기를 소중하게 아껴 쓰려면 어떻게 해야 할까요?

학습 주제 ● 전기 절약

이렇게 선 연결해 봐!

47쪽의 가전제품 이름 스티커를 붙이세요!

가전제품에 이름 스티커를 붙여 주세요. 그리고 그림 속 가전제품을 사용하고 있는지 잘 살펴보고 올바르게 전선을 이어 주세요.

환경 학습 10
우리가 지켜요!

우리나라에 사는 한국표범은 곧 사라질지도 몰라요.
멸종 위기 동물이거든요.
한국표범이 우리 친구들에게 들려주고 싶은 이야기가 있대요.
이야기를 들은 후에는 멋진 한국표범을 만들어 보세요.

안녕!
나는 한국표범이야.
호랑이와 비슷해 보이지?
호랑이는 몸에
검은 줄무늬가 있지만
나는 동글동글한
매화무늬가 있어.
구별할 수 있겠지?
그런데 이제 내 친구들이
점점 사라지고 있어.
친구들이 우리 동물들을
지켜 주기를 바라!

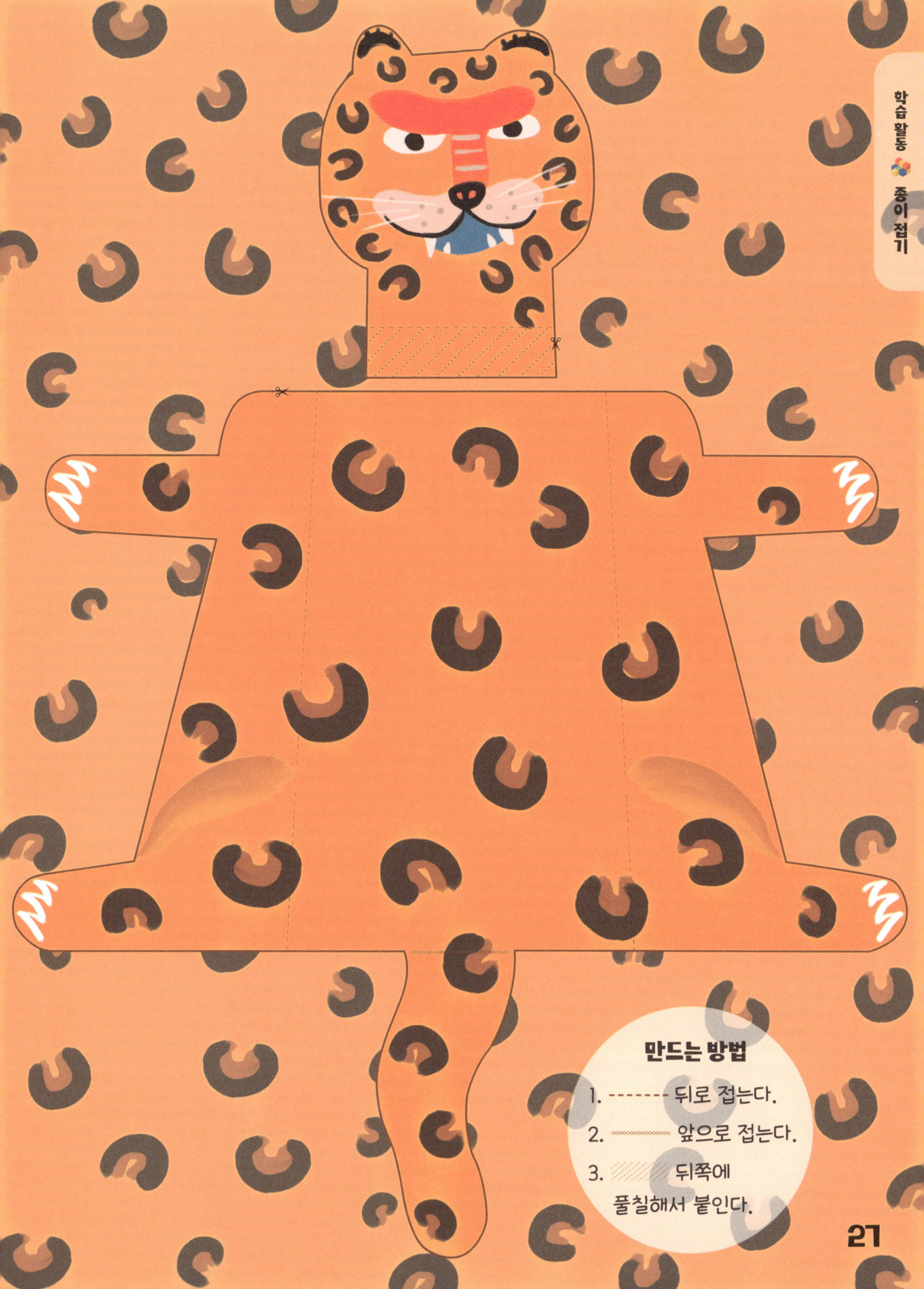

환경 학습 1 고릴라가 숲으로 갈 수 있게 도와주세요! 8쪽

환경 학습 3 아기 북극곰을 엄마 북극곰에게 데려다주세요! 12쪽

환경 학습 4 동물 친구들이 위험해요! 14쪽

환경 학습 5 바닷속 동물들이 이상해요! 16쪽

환경 학습 7 물이 오염되고 있어요! 20쪽

환경 학습 9 전기를 아껴요! 24쪽

부모님과 함께 알아보는
환경과 기후 변화

*각 학습 활동이 끝난 후 부모님이 함께해 주세요!

환경 학습 1 고릴라가 숲으로 갈 수 있게 도와주세요! 8쪽

고릴라가 사는 아프리카의 숲은 많은 나무들과 동물들이 사는 곳이에요. 사람들이 핸드폰에 필요한 콜탄을 얻기 위해 나무를 없애고 땅을 파헤쳐 동물들이 살 수 없는 곳이 되었어요. 그래서 동물들은 사는 곳을 떠나 다른 숲을 찾게 되었죠. 숲에 나무들이 없어지면 동물들만 살 곳을 잃게 될까요? 숲이 없어지면 사람들이 사는 곳에도 많은 영향을 주게 돼요. 나무는 자라면서 이산화탄소를 흡수하는데, 이 나무가 없어지면 지구는 더 뜨거워지게 돼요. 이게 바로 지구 온난화라고 하는 거예요. 그럼 우리가 숲을 지키기 위해 무엇을 해야 할까요? 지금 사용하는 핸드폰이 있는데도 새로운 핸드폰을 갖고 싶어 한다면 아마 고릴라는 점점 살 곳을 잃게 될 거예요. 새로운 핸드폰 대신 지금 가지고 있는 핸드폰을 오래오래 사용하도록 해요. 아이와 함께 환경 활동을 해 본 뒤에 지구에는 지금 어떤 기후 변화가 나타나는지 생각해 보고 이야기해 보세요.

환경 학습 2 크고 멋진 귀신고래가 사라지고 있어요! 10쪽

사람들이 고래와 다른 동식물들을 마구 잡아서 사라지고 있는 생물들이 많아요. 게다가 지구가 더워지는 원인인 온실가스 때문에 바다의 온도도 점점 올라가지요. 그렇게 되면, 특정한 기온에서 살아야 하는 바다 생물들 중에는 바다의 온도 때문에 살 수 없는 생물도 생기게 되지요. 그렇게 되면 먹이 활동을 할 수 없는 생물들도 많아져 사라지는 생물들이 점차 늘어나게 될 거예요. 귀신고래처럼요. 아이와 함께 환경 학습 활동을 한 뒤에는 사라지고 있는 동식물들을 지키기 위해서 우리가 무엇을 해야 할지 생각해 보고 이야기해 보세요.

환경 학습 3 아기 북극곰을 엄마 북극곰에게 데려다주세요! 12쪽

우리가 사는 지구는 온실가스 때문에 점점 뜨거워지고 있어요. 지구 온난화 때문에 나타나는 기후 변화로 전 세계적으로 많은 일이 일어나고 있어요. 어떤 지역은 너무 많은 양의 비가 내리기도 하고, 북극처럼 추운 곳의 기온도 올라가 빙하가 녹고 있어요. 그래서 빙하에서 먹이 활동을 하며 사는 북극곰들은 기후 변화 때문에 살 곳을 잃고 있어요. 환경 학습 3의 아기 북극곰처럼 빙하가 녹아 엄마 북극곰과 떨어지는 일도 생기게 돼요. 환경 학습 활동을 한 뒤에는 아이와 함께 북극의 빙하를 녹지 않게 하는 방법에 대해 생각해 보고 이야기해 보세요.

환경 학습 4 동물 친구들이 위험해요! 14쪽

우리가 주변에서 사용하고 버리는 쓰레기의 양은 해마다 늘어나고 있어요. 잘 썩지 않는 플라스틱부터 음식물 쓰레기 등 많은 양의 쓰레기를 사람들이 버려요. 그런데 이 쓰레기들이 많은 동물들에게 위협이 되기도 하고, 지구를 더워지게 하기도 해요. 요즘은 코로나 때문에 마스크를 써야 하는데, 이 쓰레기를 잘못 버리면, 동물들의 발에 마스크줄이 엉키거나 해서 동물들이 생활하기 어렵게 만들어요. 그리고 많은 쓰레기를 처리하기 위해서는 많은 양의 에너지가 사용되는데, 이때 온실가스가 생겨요. 한마디로 지구의 기후 변화에도 쓰레기가 큰 문제인 셈이에요. 환경 학습 활동을 한 뒤에는 아이와 함께 쓰레기를 줄이는 방법에는 무엇이 있는지 생각해 보고 이야기해 보세요.

환경 학습 5 · 바닷속 동물들이 이상해요! 16쪽

바닷속 동물들도 땅에 사는 동물들처럼 사람이 버린 쓰레기 때문에 힘들어하고 있어요. 우리가 사는 곳뿐만 아니라 바닷속까지 쓰레기로 가득 차 있다고 생각해 보세요. 어부들이 바다에서 그물을 걷어 물고기를 잡을 때 쓰레기가 더 많이 올라온다고 해요. 바다에 쓰레기가 많아지면 바다 생물들은 살 곳을 잃고, 점점 사라지는 생물들이 늘어나게 될 거예요. 자연의 보고인 해안의 갯벌도 쓰레기 때문에 썩고 있고, 바다 생물들은 비닐봉지며 빨대, 플라스틱 같은 쓰레기 때문에 몸살을 앓고 있어요. 환경 학습 활동을 한 뒤에는 아이와 함께 여름 방학에 바닷가에 갔을 때 무엇을 하면 좋을지 생각해 보고, 이야기해 보세요.

*'찾아보세요'에 나오는 동물들은 왜 이상한 모습을 하고 있는지 아이에게 알려 주세요!

- 플라스틱 조각이 먹이인 줄 알고 새끼에게 먹이고 있어요.
- 플라스틱 빨대가 콧구멍에 박혀서 괴로워하고 있어요.
- 밧줄이 목에 감겨서 괴로워하고 있어요.
- 비닐봉지 안에 갇혀버렸어요.
- 페트병이 머리 지느러미에 끼어서 먹이를 찾을 수 없어요.
- 버려진 그물에 몸이 감겨 빠져나올 수 없어요.
- 비닐봉지가 해파리인 줄 알고 먹으려고 하고 있어요.

환경 학습 6 · 강물이 말라버렸어요! 18쪽

지구에는 70%가 물로 덮여 있을 만큼 물이 많지만, 사람이 쓸 수 있는 물의 양은 아주 적어요. 그런데 기후 변화 때문에 사람과 생물이 사용할 수 있는 물의 양도 점점 줄어들고 있어요. 그런데도 사람들은 많은 양의 물을 쓰는 것을 멈추지 않고 있어요. 환경 학습 활동을 한 뒤에는 아이와 함께 물을 절약하려면 어떻게 해야 하는지 생각해 보고, 이야기해 보세요.

환경 학습 7 · 물이 오염되고 있어요! 20쪽

우리는 물을 어떻게 사용하고 버리게 될까요? 우리가 사용하고 버리는 오염된 물은 다시 강으로 흘러가고, 강의 오염된 물은 깨끗하게 만들어져서 다시 우리가 사용하는 물이 돼요. 우리가 물을 많이 쓰고 오염시키면 그 물을 깨끗하게 하기 위해 더 많은 온실가스가 나오게 되고, 지구 온난화로 인해 기후 변화가 나타나게 돼요. 환경 학습 활동을 한 뒤에는 아이와 함께 물을 오염되지 않게 하는 방법은 무엇이 있을지 생각해 보고, 이야기해 보세요.

*환경 학습 7의 그림 속 오염된 물은 어떻게 강물까지 가는지 아이에게 알려 주세요.

- **세탁 세제** + **주방 세제** 우리가 집에서 사용하는 세제들이 물길에 섞여 흘러가요.
- **오염된 물** 가축을 키우는 곳에서 오염된 물이 물길에 섞여 흘러가요.
- **물놀이 쓰레기** 계곡에서 물놀이를 하던 사람들이 버린 쓰레기가 물길에 섞여 흘러가요.
- **공장 폐수** 공장의 오염된 폐수가 물길에 섞여 흘러가요.
- **농약** 논밭에 뿌려진 농약이 빗물과 함께 물길에 섞여 흘러가요.

환경 학습 8 숲이 사라지고 있어요! 22쪽

숲과 나무가 사라지면 어떻게 될지는 환경 학습 1에서 배워 봤어요. 우리가 숲을 지키기 위해서는 사라진 숲의 나무만큼의 나무를 심어야 해요. 환경 학습 활동을 한 뒤에는 아이와 함께 지구 온난화와 기후 변화를 막기 위해서는 우리가 무엇을 해야 할지 생각해 보고, 이야기해 보세요.

환경 학습 9 전기를 아껴요! 24쪽

우리가 편리하게 사용하는 전기 에너지를 얻기 위해서는 화석 연료를 태워야 해요. 그런데 이 화석 연료를 많이 사용할수록 온실가스도 많이 배출되지요. 온실가스 때문에 지구가 뜨거워지고 있는데, 우리가 전기 에너지를 많이 사용하면 그만큼 온실가스가 많이 배출되게 되고, 지구는 더 뜨거워질 거예요. 이게 바로 지구 온난화예요. 지구 온난화 때문에 전 세계 곳곳에는 비가 많이 오는 곳도 있고, 가뭄이 생기는 곳도 더 많아지고, 허리케인처럼 강한 폭풍도 많이 나타나는 등의 기후 변화가 일어나게 돼요. 환경 학습 활동을 한 뒤에는 아이와 함께 전기 에너지를 어떻게 절약해야 하는지 생각해 보고, 이야기해 보세요.

환경 학습 10 우리가 지켜요! 26쪽

옛날에는 있었는데, 지금은 없어져 우리가 볼 수 없는 동물들은 왜 있는 걸까요? 그 동물들이 사라진 이유는 살 곳을 잃거나 기후 변화 때문일 수도 있고, 사람들이 너무 많이 잡아서 없어진 동물들도 있어요. 그렇다면 우리는 어떻게 동물들을 지킬 수 있을까요? 환경 학습 활동을 한 뒤에는 아이와 함께 멸종 위기의 동물들을 지키기 위해 무엇을 하면 좋을지 생각해 보고, 이야기해 보세요.

환경 학습 3 아기 북극곰을 엄마 북극곰에게 데려다주세요! 12쪽

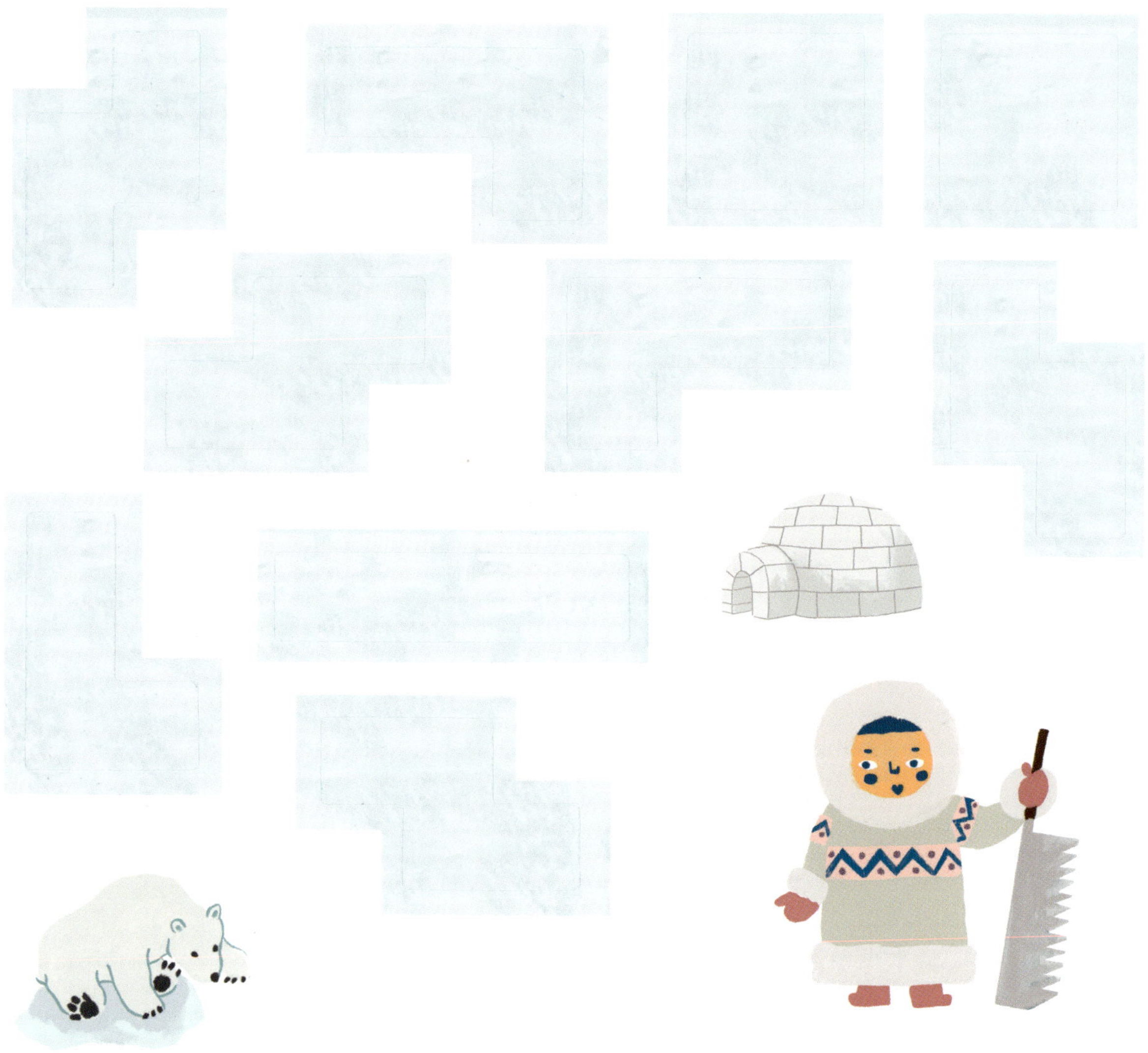

환경 학습 4 동물 친구들이 위험해요! 14쪽

고 양 이　　고 라 니　　참 새

강 아 지　　다 람 쥐

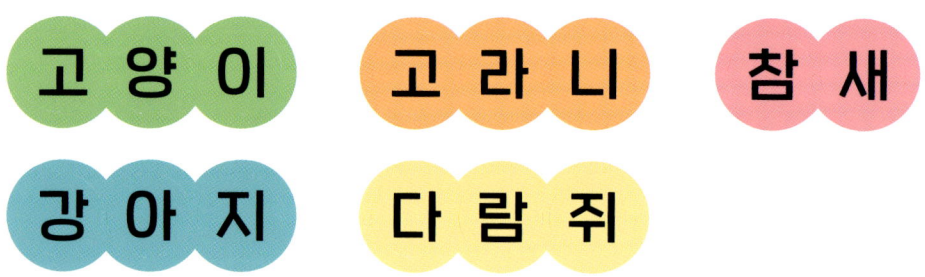

환경 학습 6 **강물이 말라버렸어요!** 18쪽

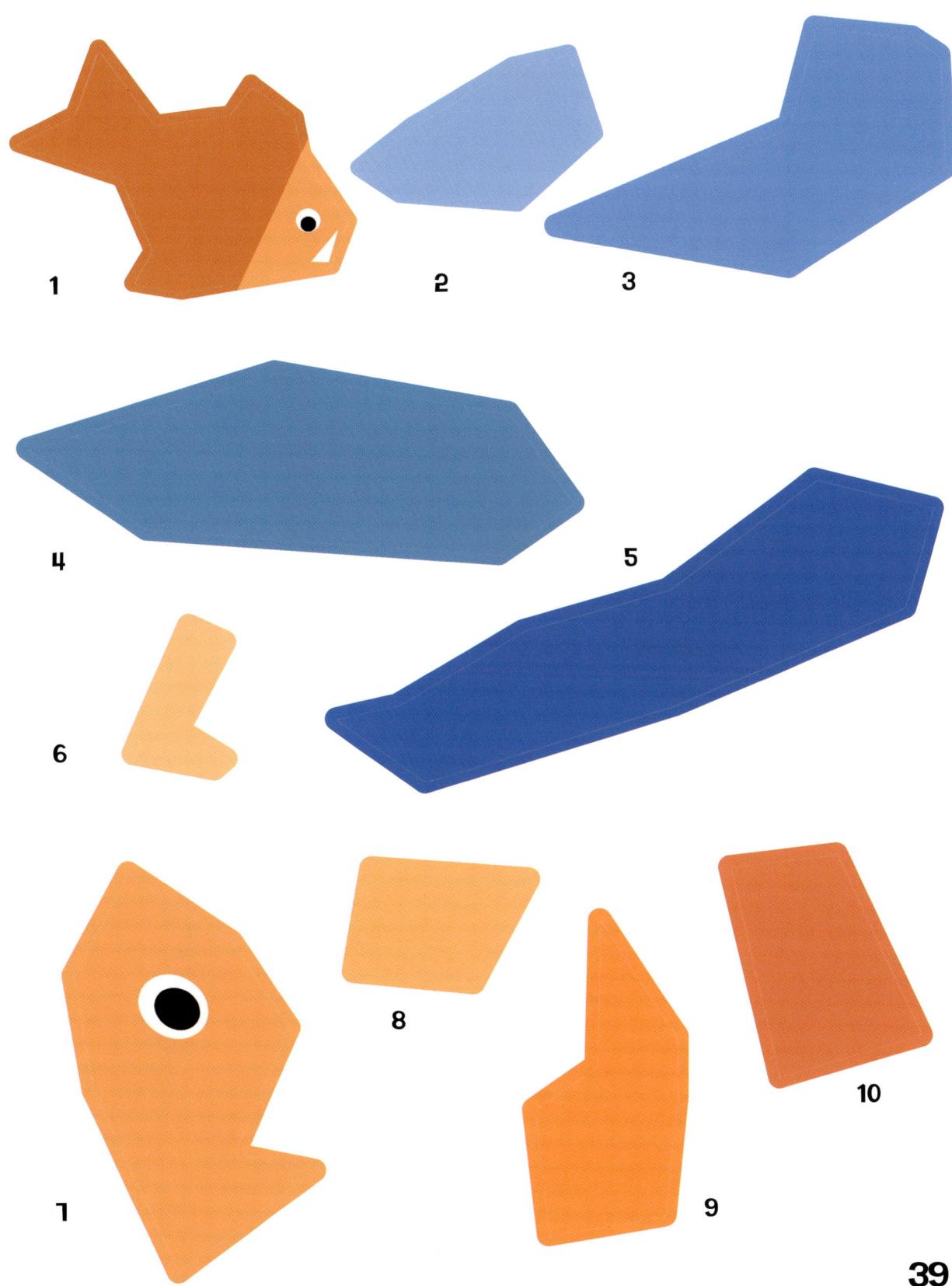

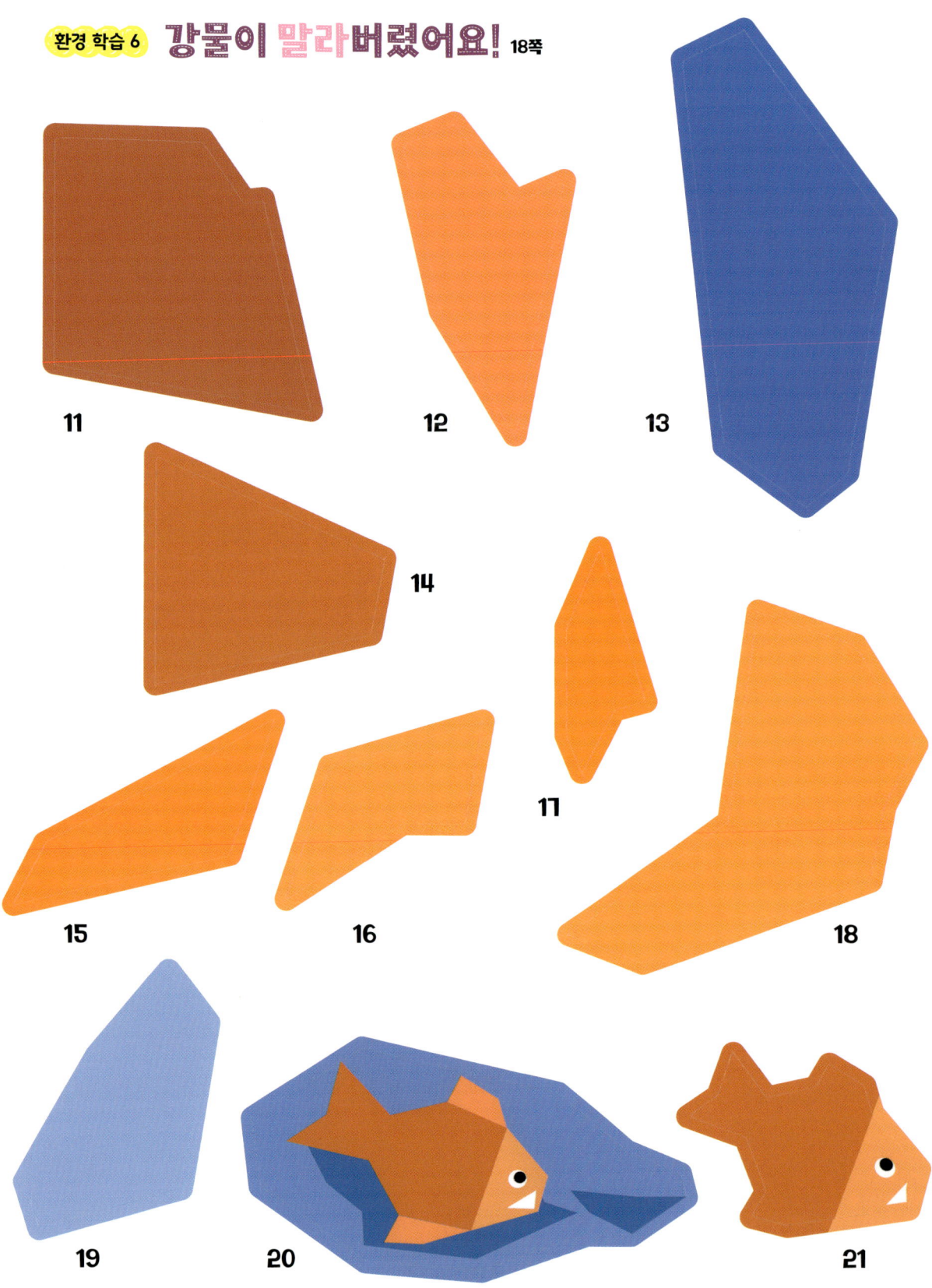

환경 학습 8 숲이 사라지고 있어요! 22쪽

환경 학습 8 숲이 사라지고 있어요! 22쪽

환경 학습 9 **전기를 아껴요!** 24쪽

에어컨   컴퓨터   세탁기

전기난로   전자레인지   청소기

전기 주전자